Impressum
Verlag: BABADADA GmbH, Nedderfeld 112 , 22529 Hamburg
Geschäftsführer / Verlagsleitung: Harald Hof
Druck: Books on Demand GmbH, In de Tarpen 42, 22848 Norderstedt

Imprint
Publisher: BABADADA GmbH, Nedderfeld 112 , 22529 Hamburg, Germany
Managing Director / Publishing direction: Harald Hof
Print: Books on Demand GmbH, In de Tarpen 42, 22848 Norderstedt, Germany

die Schule

sekolah

das Klassenzimmer
ruang kelas

dividieren
membagi

186/2

der Schulhof
halaman sekolah

die Tafel
papan

der Lehrer
guru

das Papier
kertas

schreiben
menulis

der Stift
pena

der Schreibtisch
meja kerja

das Lineal
penggaris

das Buch
buku

die Schüler
murit

der Ranzen

tas sekolah

die Federmappe

tempat pensil

der Bleistift

pensil

der Bleistiftanspitzer

pengasah pensil

das Radiergummi

penghapus

der Zeichenblock

kertas gambar

die Zeichnung
gambar

der Pinsel
kuas

der Malkasten
kotak cat

die Schere
gunting

der Klebstoff
lem

das Übungsheft
buku latihan

die Hausaufgabe
pekerjaan rumah

die Zahl
angka

2+2

addieren
tambhakan

subtrahieren
mengurangi

multiplizieren
mengalikan

rechnen
menghitung

der Buchstabe
huruf

das Alphabet
alfabet

das Wort
kata

der Text

teks

lesen

membaca

die Kreide

kapur

die Stunde

pelajaran

das Klassenbuch

daftar

die Prüfung

ujian

das Zeugnis

sertifikat

die Schuluniform

seragam sekolah

die Ausbildung

pendidikan

das Lexikon

ensiklopedi

die Universität

universitas

das Mikroskop

mikroskop

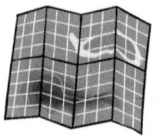

die Karte

peta

der Papierkorb

tempat sampah

die Reise

perjalanan

das Hotel
hotel
Grand
die Herberge
hostel
ROOMS
die Wechselstube
kantor pertukaran mata uang
der Koffer
koper
das Auto
mobil

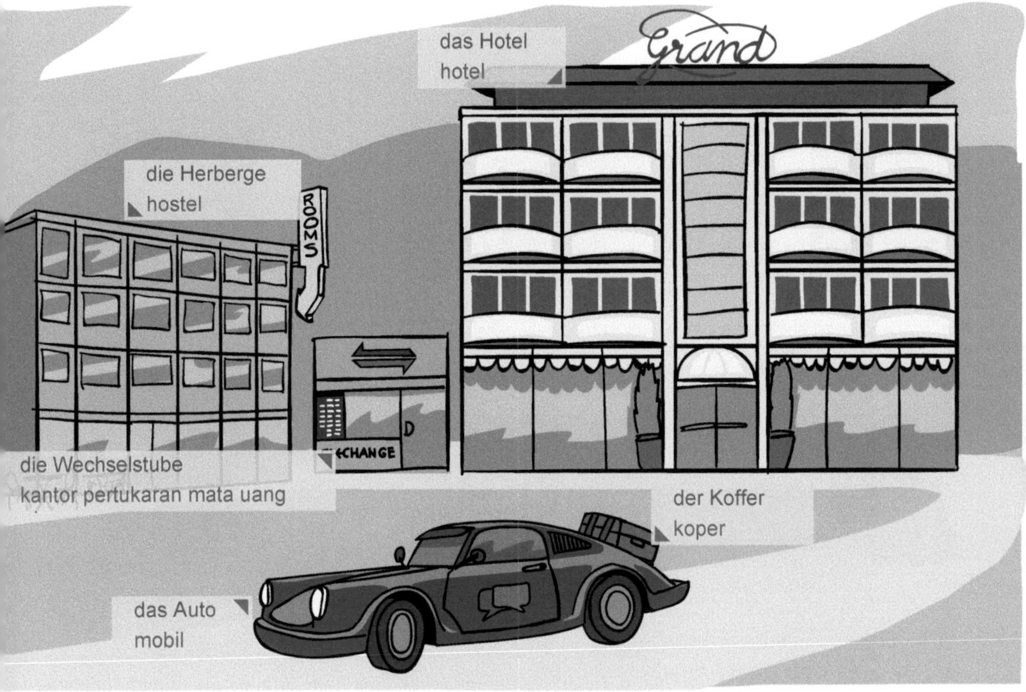

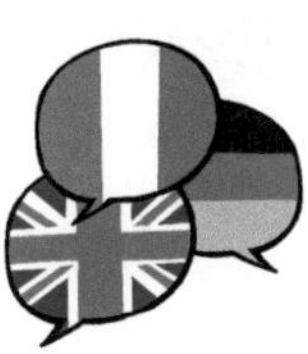

die Sprache

bahasa

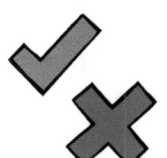

ja / nein

ya / tidak

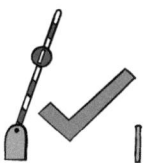

Okay

okay

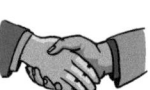

Hallo

hallo

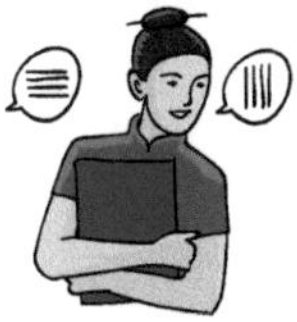

der Übersetzer

penerjemah

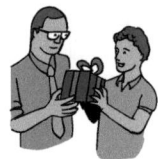

Danke

terima kasih

Was kostet...?

Berapa harganya...?

Ich verstehe nicht

saya tidak mengerti

das Problem

masalah

Guten Abend!

Selamat malam!

Guten Morgen!

Selamat siang!

Gute Nacht!

Selamat tidur!

Auf Wiedersehen

sampai jumpa

die Richtung

arah

das Gepäck

bagasi

die Tasche

tas

der Rucksack

ransel

der Gast

tamu

das Zimmer

ruang

der Schlafsack

kantong tidur

das Zelt

tenda

die Touristeninformation

informasi wisata

der Strand

pantai

die Kreditkarte

kartu kredit

das Frühstück

sarapan

das Mittagessen

makan siang

das Abendessen

makan malam

die Fahrkarte

tiket

der Fahrstuhl

elevator

die Briefmarke

perangko

die Grenze

perbatasan

der Zoll

cukai

die Botschaft

kedutaan

das Visum

visa

der Pass

paspor

die Reise - perjalanan

der Transport
transportasi

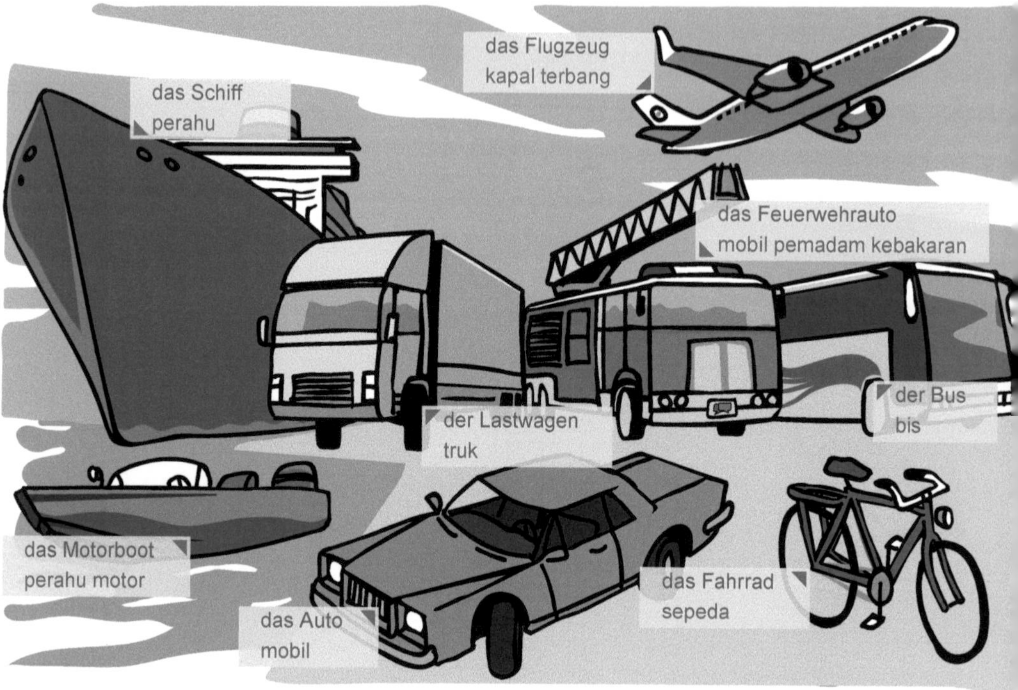
das Flugzeug
kapal terbang
das Schiff
perahu
das Feuerwehrauto
mobil pemadam kebakaran
der Bus
bis
der Lastwagen
truk
das Motorboot
perahu motor
das Fahrrad
sepeda
das Auto
mobil

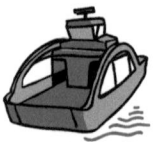

die Fähre

feri

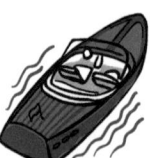

das Boot

perahu

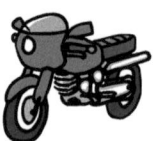

das Motorrad

sepeda motor

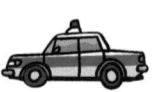

das Polizeiauto

mobil polisi

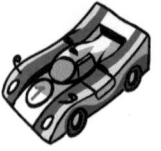

das Rennauto

mobil balapan

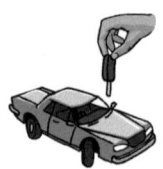

der Mietwagen

mobil sewa

das Carsharing

berbagi mobil

der Abschleppwagen

truk derek

das Müllauto

truk sampah

der Motor

motor

der Kraftstoff

bahan bakar

die Tankstelle

bensin

das Verkehrsschild

tanda lalulintas

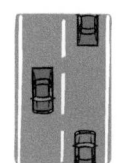

der Verkehr

lalulintas

der Stau

macet

der Parkplatz

parkir mobil

der Bahnhof

stasiun kereta

die Schienen

trek

der Zug

kereta api

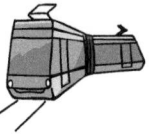

die Straßenbahn

tram

der Wagon

gerobak

der Helikopter

helikopter

der Flughafen

bendara

der Tower

menara

der Passagier

penumpang

der Container

container

der Karton

karton

der Karren

troli

der Korb

keranjang

starten / landen

berangkat / mendarat

die Stadt

kota

das Dorf

desa

das Stadtzentrum

pusat kota

das Haus

rumah

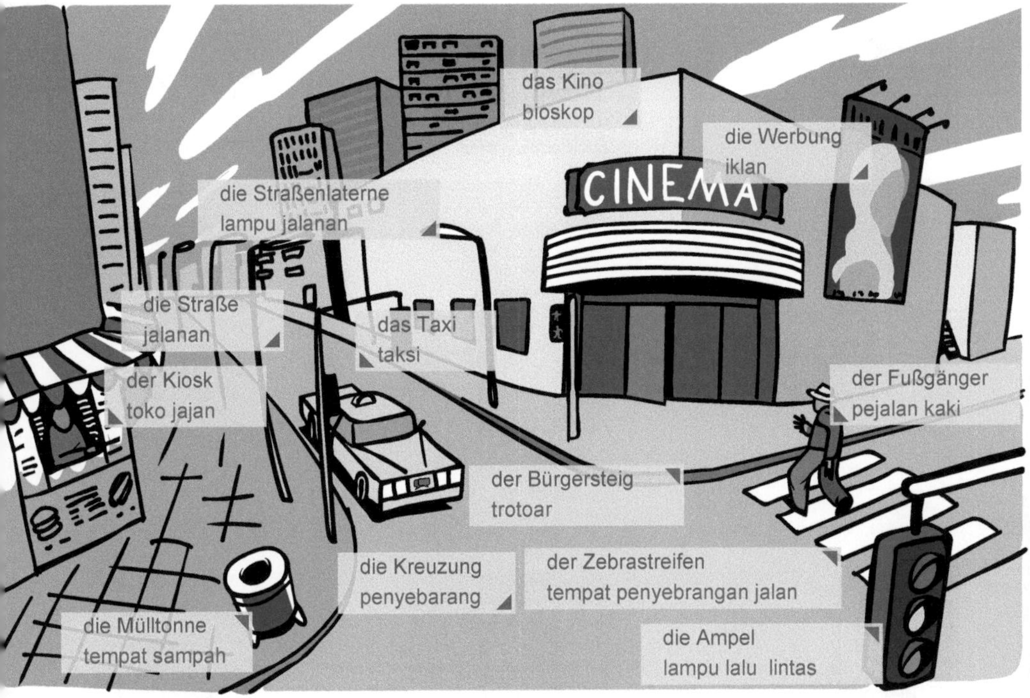

das Kino
bioskop

die Werbung
iklan

die Straßenlaterne
lampu jalanan

CINEMA

die Straße
jalanan

das Taxi
taksi

der Kiosk
toko jajan

der Fußgänger
pejalan kaki

der Bürgersteig
trotoar

die Kreuzung
penyebarang

der Zebrastreifen
tempat penyebrangan jalan

die Mülltonne
tempat sampah

die Ampel
lampu lalu lintas

die Hütte

gubuk

die Wohnung

rumah flat

der Bahnhof

stasiun kereta

das Rathaus

balai kota

das Museum

museum

die Schule

sekolah

die Stadt - kota

die Universität

universitas

die Bank

bank

das Krankenhaus

rumah sakit

das Hotel

hotel

die Apotheke

farmasi

das Büro

kantor

die Buchhandlung

toko buku

das Geschäft

toko

der Blumenladen

toko bunga

der Supermarkt

supermarket

der Markt

pasar

das Kaufhaus

toko serba ada

der Fischhändler

nelayan

das Einkaufszentrum

pusat belanja

der Hafen

pelabuhan

der Park
taman

die Bank
banku

die Brücke
jembatan

die Treppe
tangga

die U-Bahn
kereta bawah tanah

der Tunnel
terowongan

die Bushaltestelle
pemberhantian bis

die Bar
bar

das Restaurant
restauran

der Briefkasten
kotak surat

das Straßenschild
tanda jalan

die Parkuhr
meteran parkir

der Zoo
kebun binatang

die Badeanstalt
kolam renang

die Moschee
mesjid

der Bauernhof

pertanian

die Umweltverschmutzung

polusi

der Friedhof

kuburan

die Kirche

gereja

der Spielplatz

tempat bermain

der Tempel

pura

die Landschaft

pemandangan

das Blatt
daun

der Wegweiser
penunjuk arah

der Weg
jalanan

die Wiese
padang rumput

der Stein
batu

der Baum
pohon

der Wanderer
pejalak kaki

der Fluss
sungai

das Gras
rumput

die Blume
bunga

das Tal

lembah

der Berg

bukit

der See

danau

der Wald

hutan

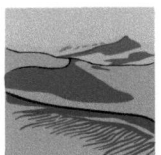

die Wüste

padang gurun

der Vulkan

gunung berapi

das Schloss

istana

der Regenbogen

pelangi

der Pilz

jamur

die Palme

pohon palem

der Moskito

nyamuk

die Fliege

lalat

die Ameise

semut

die Biene

lebah

die Spinne

laba-laba

der Käfer

kumbang

der Frosch

kodok

das Eichhörnchen

tupai

der Igel

landak

der Hase

kelinci

die Eule

burung hantu

die Vogel

burung

der Schwan

angsa

das Wildschwein

babi jantan

der Hirsch

rusa

der Elch

rusa

der Staudamm

bendungan

das Windrad

turbin angin

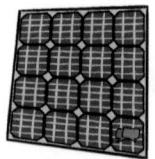

das Solarmodul

panel surya

das Klima

iklim

das Restaurant
restauran

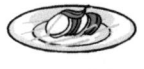

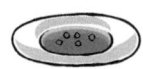

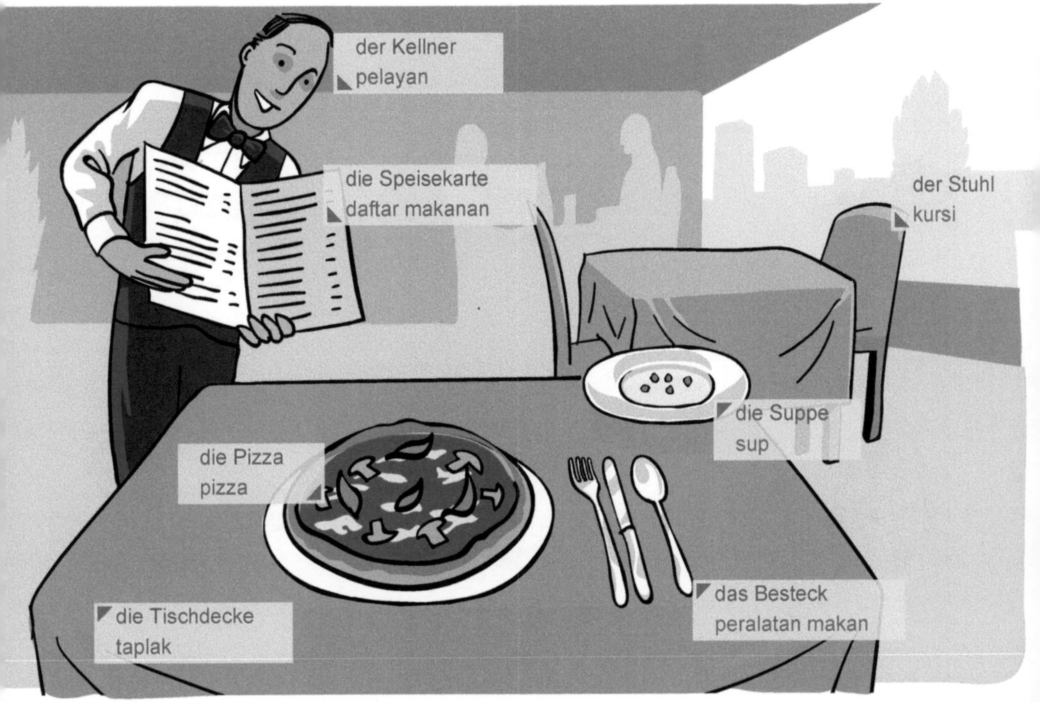
der Kellner
pelayan
die Speisekarte
daftar makanan
der Stuhl
kursi
die Suppe
sup
die Pizza
pizza
das Besteck
peralatan makan
die Tischdecke
taplak

die Vorspeise

hindangan pembuka

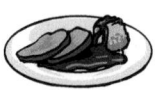

das Hauptgericht

hidangan utama

die Nachspeise

hidangan penutup

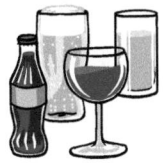

die Getränke

minuman

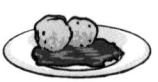

das Essen

makanan

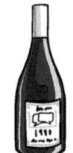

die Flasche

botol

das Fastfood

fastfood

das Streetfood

masakan jalanan

die Teekanne

teko teh

die Zuckerdose

kaleng gula

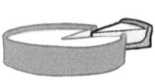

die Portion

porsi

die Espressomaschine

mesin espresso

der Hochstuhl

kursi tinggi

die Rechnung

tagihan

das Tablett

baki

das Messer

pisau

die Gabel

garpu

der Löffel

sendok

der Teelöffel

sendok teh

die Serviette

serbet

das Glas

gelas

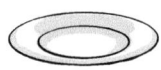

der Teller

piring

der Suppenteller

piring sup

die Untertasse

lepek

die Sauce

saus

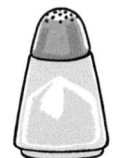

der Salzstreuer

tempat garam

die Pfeffermühle

gilingan merica

der Essig

cuka

das Öl

minyak

die Gewürze

bumbu

das Ketchup

saus tomat

der Senf

mustar

die Mayonnaise

mayones

der Supermarkt

supermarket

das Angebot
penawaran khusus
FOR
der Kunde
klien
die Milchprodukte
produk susu
das Obst
buah
der Einkaufswagen
troli

BUTCHERS

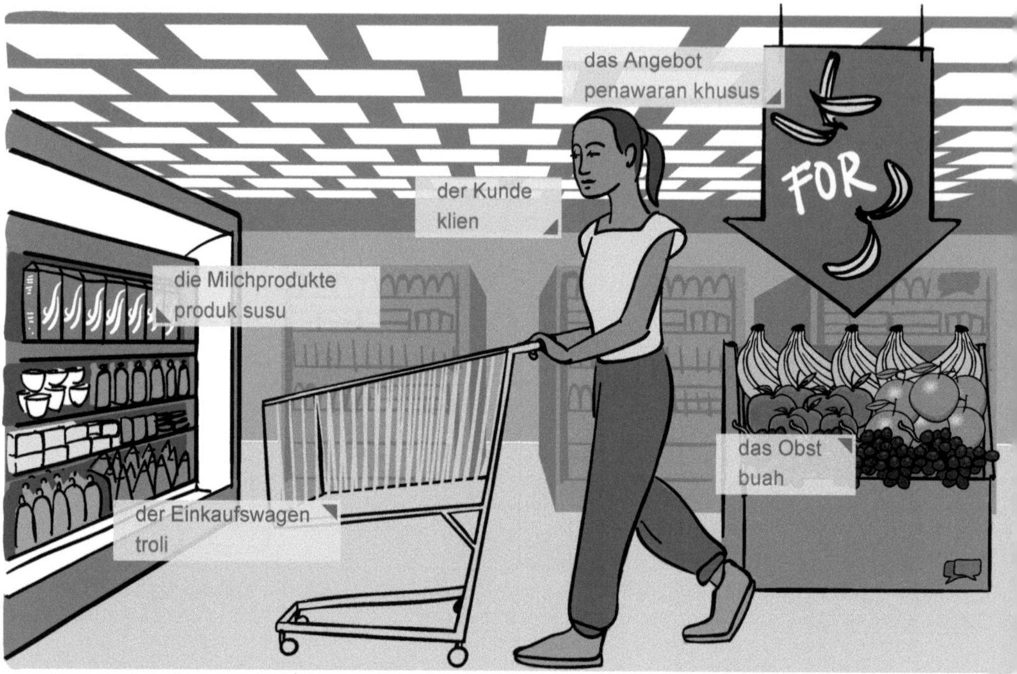

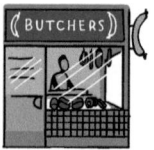

die Schlachterei

pembantai

BAKERY

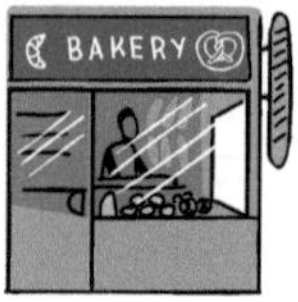

die Bäckerei

toko roti

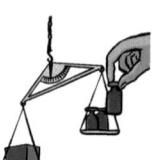

wiegen

menimbang

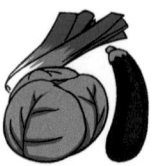

das Gemüse

sayur

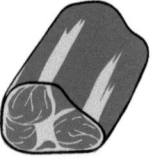

das Fleisch

daging

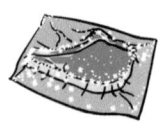

die Tiefkühlkost

makanan beku

der Aufschnitt

pemotongan dingin

die Konserven

makanan kaleng

das Waschmittel

sabun serbuk

die Süßigkeiten

permen

die Haushaltsartikel

alat-alat rumah tangga

das Reinigungsmittel

obat pembersihan

die Verkäuferin

penjual

die Kasse

kasa

der Kassierer

kasir

die Einkaufsliste

daftar belanja

die Öffnungszeiten

jam buka

die Brieftasche

dompet

die Kreditkarte

kartu kredit

die Tasche

tas

die Plastiktüte

kantong plastik

das Wasser

air

der Saft

jus

die Milch

susu

die Cola

cola

der Wein

anggur

das Bier

bir

der Alkohol

alkohol

der Kakao

coklat

der Tee

teh

der Kaffee

kopi

der Espresso

espresso

der Cappuccino

cappucino

die Banane

pisang

der Apfel

apel

die Orange

jeruk

die Melone

semangka

die Zitrone

jeruk lemon

die Karotte

wortel

der Knoblauch

bawang putih

der Bambus

bambu

die Zwiebel

bawang bombai

der Pilz

jamur

die Nüsse

kacang

die Nudeln

mi

die Spaghetti

spagetti

der Reis

nasi

der Salat

salat

die Pommes frites

kentang goreng

die Bratkartoffeln

kentang goreng

die Pizza

pizza

der Hamburger

hamburger

das Sandwich

sandwich

das Schnitzel

sayatan

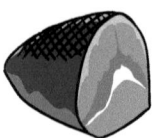

der Schinken

ham

die Salami

salami

die Wurst

sosis

das Huhn

ayam

der Braten

menggoreng

der Fisch

ikan

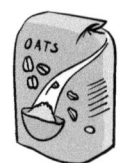

die Haferflocken

bubur gandum

das Müsli

sereal

die Cornflakes

cornflakes

das Mehl

tepung

das Croissant

croissant

das Brötchen

roti

das Brot

roti

der Toast

toast

die Kekse

biskuit

die Butter

mentega

der Quark

dadih

der Kuchen

kue

das Ei

telur

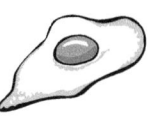

das Spiegelei

telur goreng

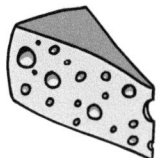

der Käse

keju

die Eiscreme

eskrim

der Zucker

gula

der Honig

madu

die Marmelade

selai

die Nougat-Creme

krim nugat

das Curry

kare

der Bauernhof

pertanian

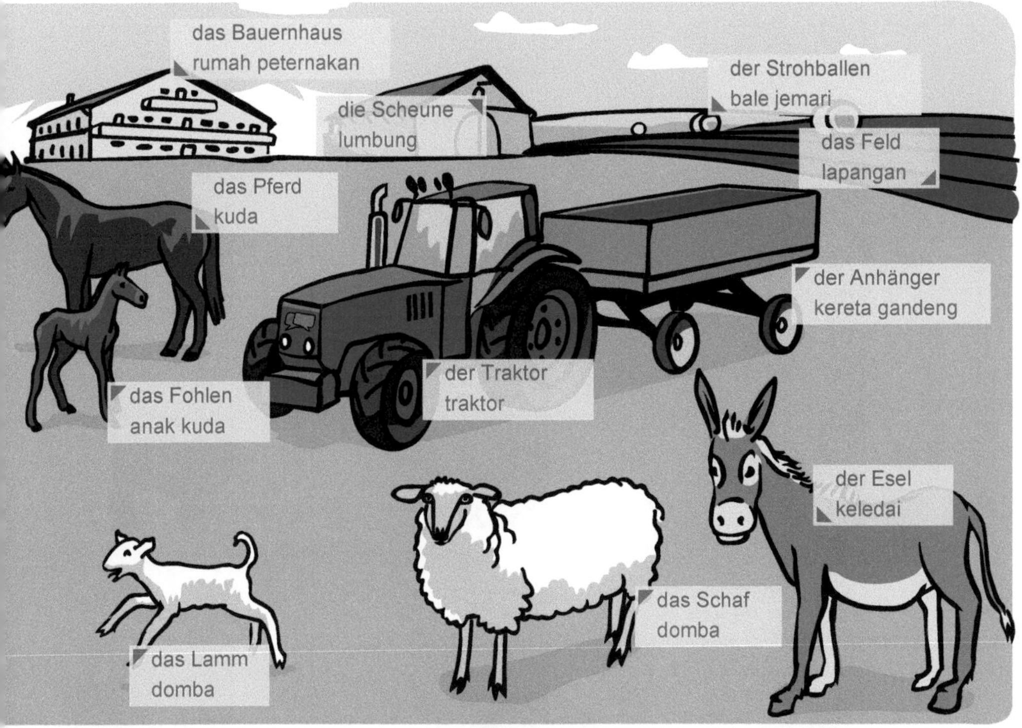

das Bauernhaus
rumah peternakan
die Scheune
lumbung
der Strohballen
bale jemari
das Feld
lapangan
das Pferd
kuda
der Anhänger
kereta gandeng
der Traktor
traktor
das Fohlen
anak kuda
der Esel
keledai
das Schaf
domba
das Lamm
domba

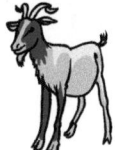

die Ziege

kambing

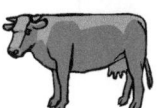

die Kuh

sapi

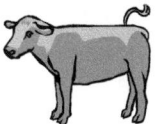

das Kalb

betis

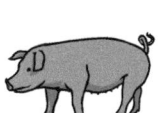

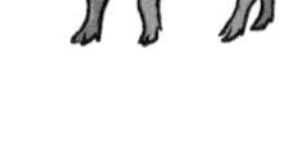

das Schwein

babi

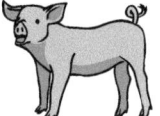

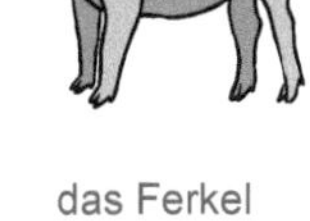

das Ferkel

celeng

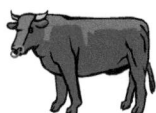

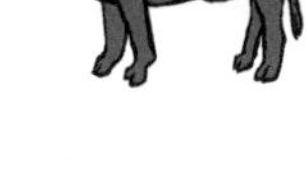

der Bulle

banteng

die Gans

angsa

die Ente

bebek

das Küken

anak ayam

das Huhn

ayam

der Hahn

ayam jantan

die Ratte

tikus

die Katze

kucing

die Maus

tikus

der Ochse

lembu

der Hund

anjing

die Hundehütte

rumah anjing

der Gartenschlauch

selang

die Gießkanne

penyiram

die Sense

sabit

der Pflug

bajak

die Sichel

sabit

die Hacke

cangkul

die Mistgabel

garpu rumput

die Axt

kapak

die Schubkarre

gerobak

der Trog

palung

die Milchkanne

kaleng susu

der Sack

karung

der Zaun

pagar

der Stall

kandang

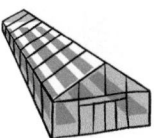

das Treibhaus

rumah kaca

der Boden

tanah

die Saat

benih

der Dünger

pupuk

der Mähdrescher

mesin pemanen

ernten

panen

die Ernte

panen

die Yamswurzel

yams

der Weizen

gandum

das Soja

kedelai

die Kartoffel

kentang

der Mais

jagung

der Raps

lobak

der Obstbaum

pohon buah

der Maniok

singkong

das Getreide

sereal

das Haus
rumah

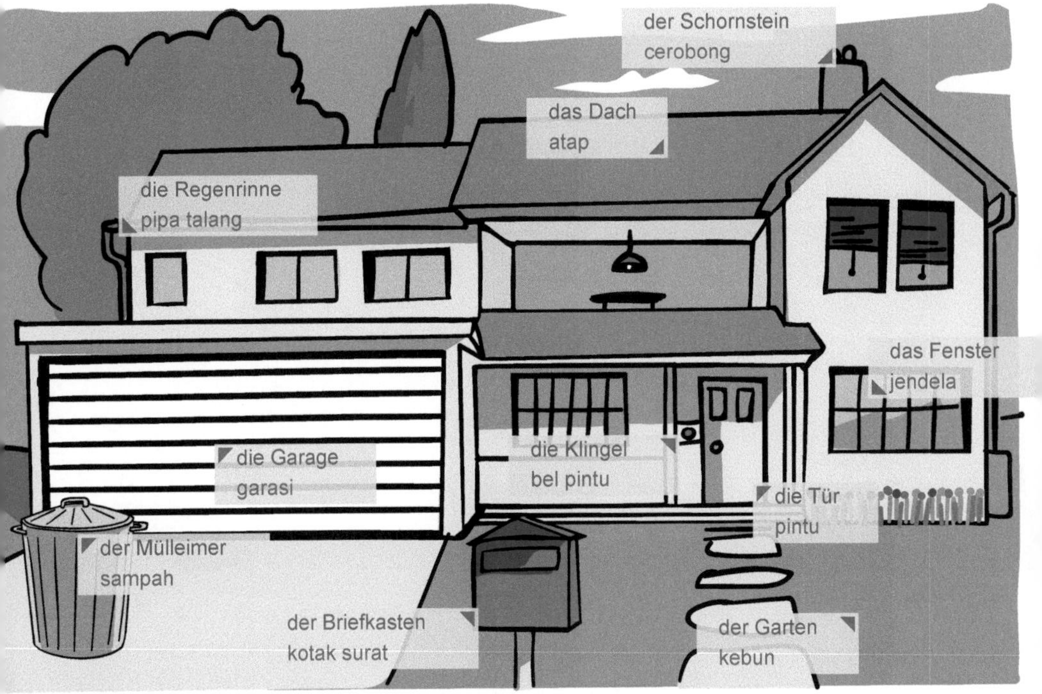
der Schornstein
cerobong
das Dach
atap
die Regenrinne
pipa talang
das Fenster
jendela
die Klingel
bel pintu
die Garage
garasi
die Tür
pintu
der Mülleimer
sampah
der Briefkasten
kotak surat
der Garten
kebun

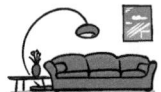

das Wohnzimmer
ruang tamu

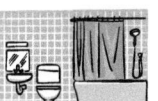

das Badezimmer
kamar mandi

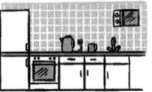

die Küche
dapur

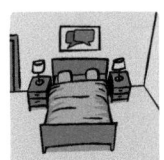

das Schlafzimmer
kamar tidur

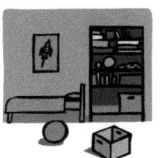

das Kinderzimmer
kamar anak

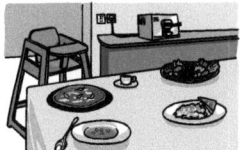

das Esszimmer
kamar makan

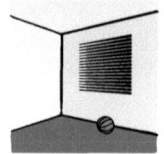

der Boden
lantai

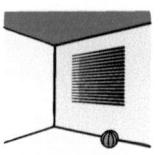

die Wand
tembok

die Decke
atap

der Keller
gudang di bawah tanah

die Sauna
sauna

der Balkon
balkon

die Terrasse
teras

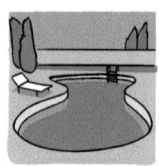

das Schwimmbad
kolam renang

der Rasenmäher
mesin pemotong rumput

der Bettbezug
sprei

die Bettdecke
selimut

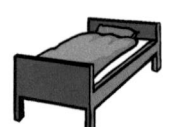

das Bett
tempat tidur

der Besen
sapu

der Eimer
ember

der Schalter
tombol

das Wohnzimmer

ruang tamu

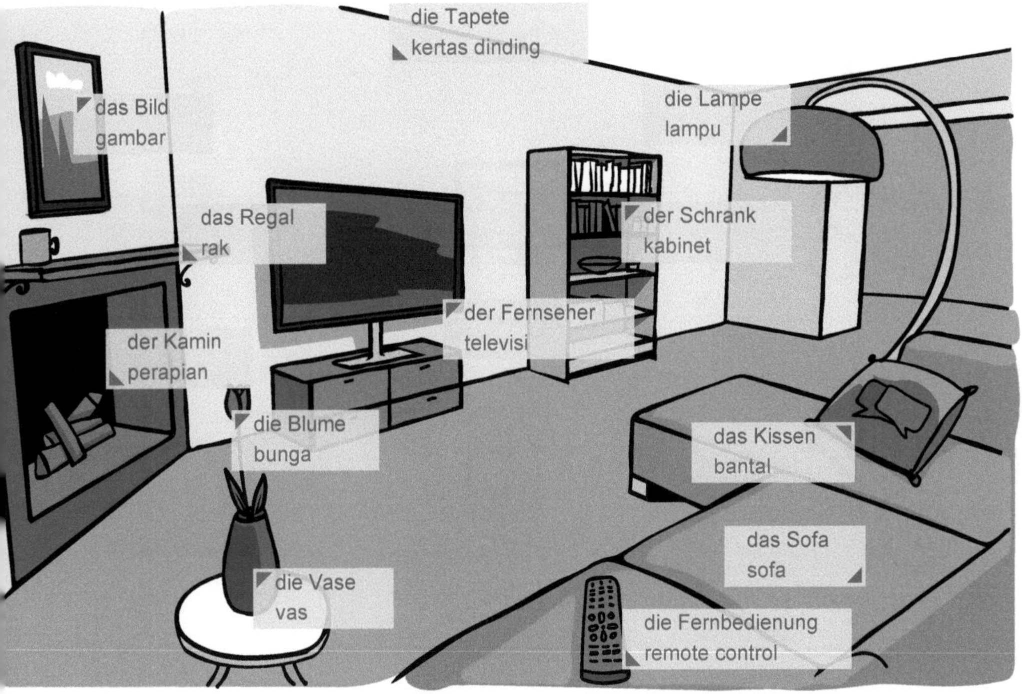

die Tapete
kertas dinding
das Bild
gambar
die Lampe
lampu
das Regal
rak
der Schrank
kabinet
der Fernseher
televisi
der Kamin
perapian
die Blume
bunga
das Kissen
bantal
das Sofa
sofa
die Vase
vas
die Fernbedienung
remote control

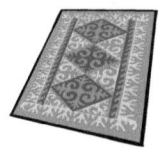

der Teppich

karpet

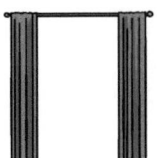

der Vorhang

korden

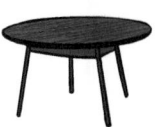

der Tisch

meja

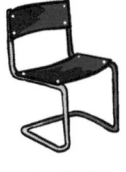

der Stuhl

kursi

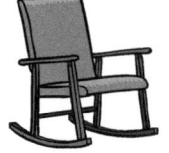

der Schaukelstuhl

kursi goyang

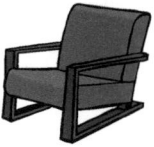

der Sessel

kursi malas

das Buch

buku

die Decke

selimut

die Dekoration

dekorasi

das Feuerholz

kayu bakar

der Film

filem

die Stereoanlage

hi-fi

der Schlüssel

kunci

die Zeitung

koran

das Gemälde

lukisan

das Poster

poster

das Radio

radio

der Notizblock

buku tulis

der Staubsauger

penyedot debu

der Kaktus

kaktus

die Kerze

lilin

die Küche
dapur

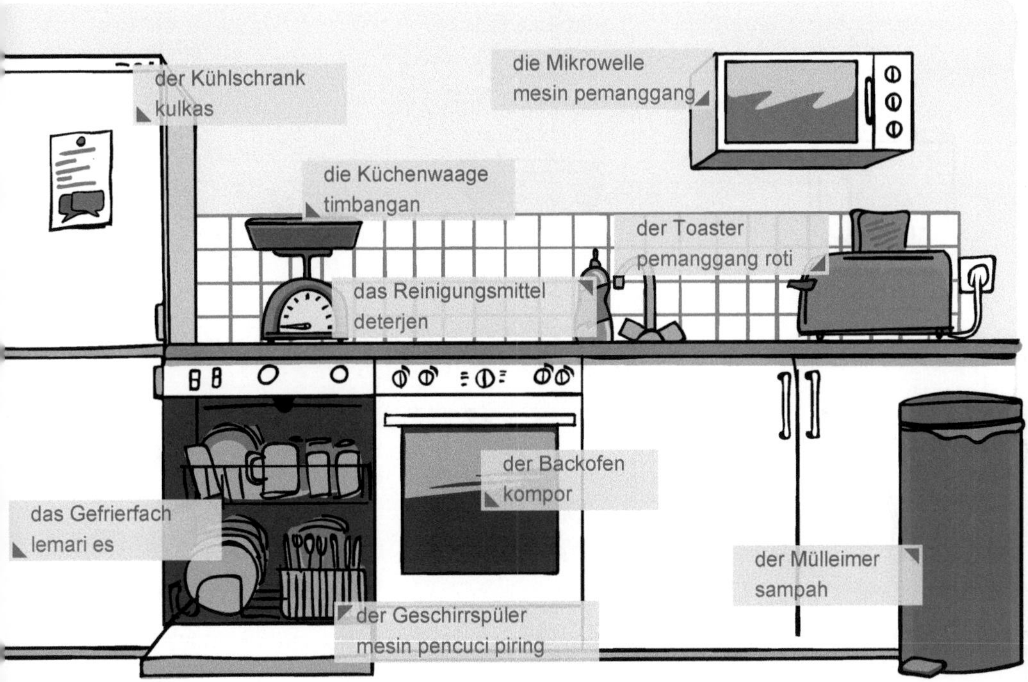

der Kühlschrank
kulkas
die Mikrowelle
mesin pemanggang
die Küchenwaage
timbangan
der Toaster
pemanggang roti
das Reinigungsmittel
deterjen
der Backofen
kompor
das Gefrierfach
lemari es
der Mülleimer
sampah
der Geschirrspüler
mesin pencuci piring

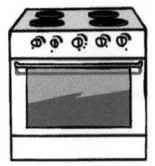

der Herd

kompor

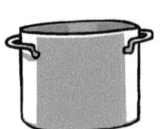

der Topf

panci

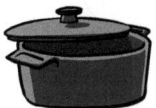

der Eisentopf

panci besi

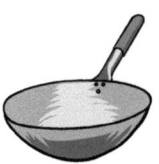

der Wok / Kadai

wajan

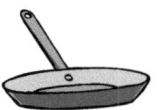

die Pfanne

panci

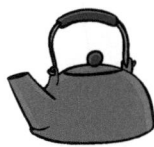

der Wasserkocher

pemanas air

der Dampfgarer

panci pengukus makanan

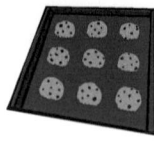

das Backblech

nampan

das Geschirr

piring

der Becher

cangkir

die Schale

mangkok

die Essstäbchen

sumpit

die Suppenkelle

sendok sup

der Pfannenwender

sudip

der Schneebesen

mengocok

das Kochsieb

saringan

das Sieb

saringan

die Reibe

parutan

der Mörser

mortir

der Grill

barbeque

die Feuerstelle

api terbuka

das Schneidebrett

papan memotong

das Nudelholz

gilingan

der Korkenzieher

alat pembuka botol

die Dose

kaleng

der Dosenöffner

pembuka kaleng

der Topflappen

pegangan panci

das Waschbecken

wastafel

die Bürste

sikat

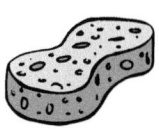

der Schwamm

busa

der Mixer

mesin pencampur

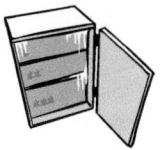

die Gefriertruhe

lemari es

die Babyflasche

botol bayi

der Wasserhahn

keran

das Badezimmer
kamar mandi

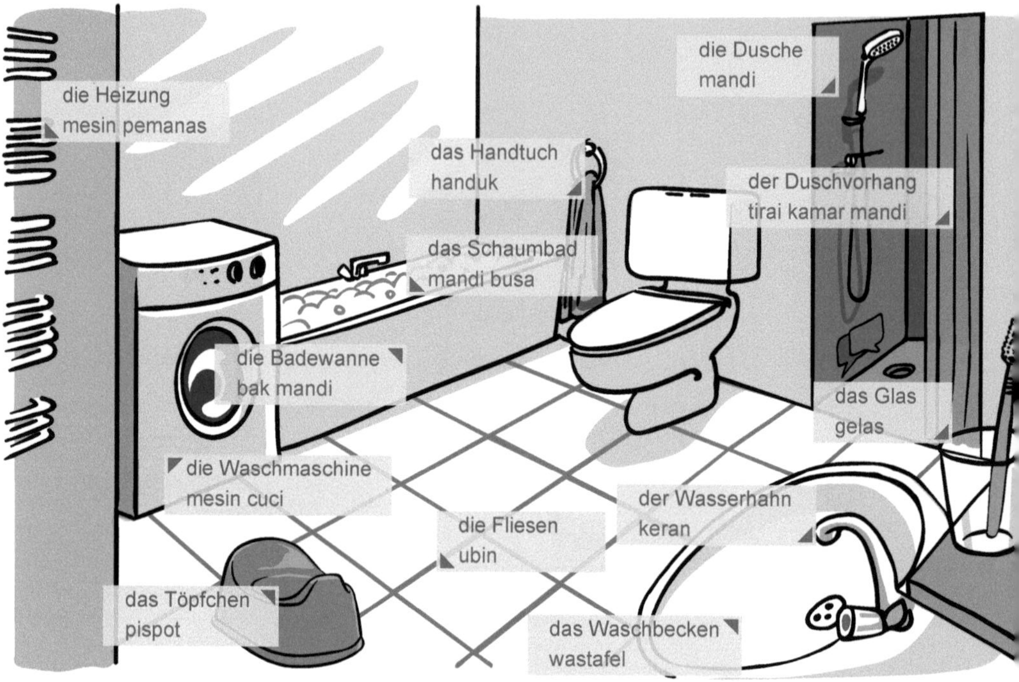

die Heizung
mesin pemanas

die Dusche
mandi

das Handtuch
handuk

der Duschvorhang
tirai kamar mandi

das Schaumbad
mandi busa

die Badewanne
bak mandi

das Glas
gelas

die Waschmaschine
mesin cuci

der Wasserhahn
keran

die Fliesen
ubin

das Töpfchen
pispot

das Waschbecken
wastafel

die Toilette

toilet

die Hocktoilette

toilet jongkok

das Bidet

bidet

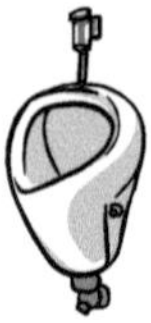

das Pissoir

pissoir

das Toilettenpapier

kertas toilet

die Toilettenbürste

sikat toilet

die Zahnbürste

sikat gigi

die Zahnpasta

pasta gigi

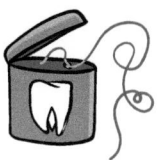

die Zahnseide

benang gigi

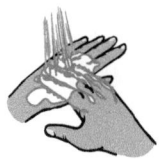

waschen

menyuci

die Handbrause

pancuran tangan

die Intimdusche

pancuran

die Waschschüssel

bak

die Rückenbürste

sikat punggung

die Seife

sabun

das Duschgel

gel mandi

das Shampoo

sampo

der Waschlappen

planel

der Abfluss

kuras

die Creme

krim

das Deodorant

deodoran

der Spiegel

kaca

der Kosmetikspiegel

cermin tangan

der Rasierer

pisau cukur

der Rasierschaum

busa cukur

das Rasierwasser

aftershave

der Kamm

sisir

die Bürste

sikat

der Föhn

alat pengering rambut

das Haarspray

semprot rambut

das Makeup

makeup

der Lippenstift

lipstik

der Nagellack

cat kuku

die Watte

kapas

die Nagelschere

gunting kuku

das Parfum

minyak wangi

der Kulturbeutel

kantong pencuci

der Hocker

bangku

die Waage

timbangan

der Bademantel

mantel mandi

die Gummihandschuhe

sarung tangan karet

das Tampon

tampon

die Damenbinde

handuk pembalut

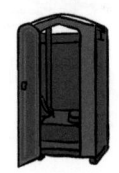

die Chemietoilette

toilet kimia

das Kinderzimmer
kamar anak

der Wecker
jam alarm
das Kuscheltier
boneka tidur
das Spielzeugauto
mobil-mobilan
die Rassel
kelintung
das Puppenhaus
rumah boneka
das Geschenk
kado

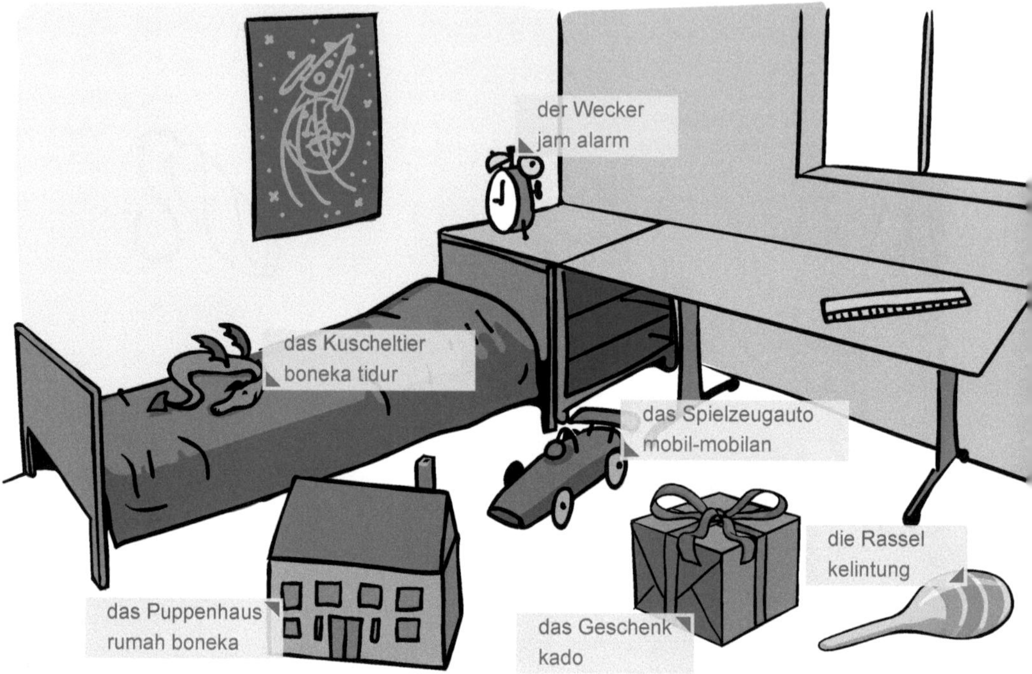

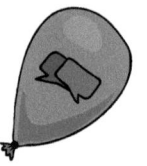

der Ballon

balon

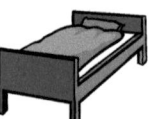

das Bett

tempat tidur

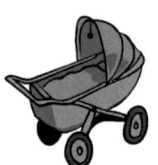

der Kinderwagen

kereta bayi

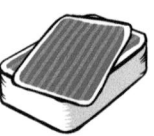

das Kartenspiel

mainan kartu

das Puzzle

teka-teki

SUPER
MEGA

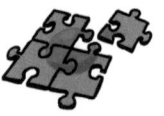

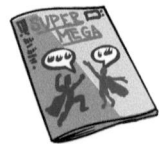

der Comic

komik

die Legosteine

mainan lego

die Bausteine

blok mainan

die Action Figur

figur aksi

der Strampelanzug

baju monyet

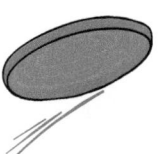

das Frisbee

frisbee

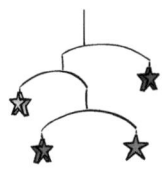

das Mobile

mobile

das Brettspiel

permainan papan

der Würfel

dadu

die Modelleisenbahn

set model kreta api

der Schnuller

dot

die Party

pesta

das Bilderbuch

buku gambar

der Ball

bola

die Puppe

boneka

spielen

bermain

der Sandkasten

tempat main pasir

die Schaukel

ayunan

das Spielzeug

mainan

die Spielkonsole

video game konsol

das Dreirad

sepeda roda tiga

der Teddy

teddy

der Kleiderschrank

lemari pakaian

die Kleidung

pakaian

die Socken

kaos kaki

die Strümpfe

kaos kaki

die Strumpfhose

baju ketat

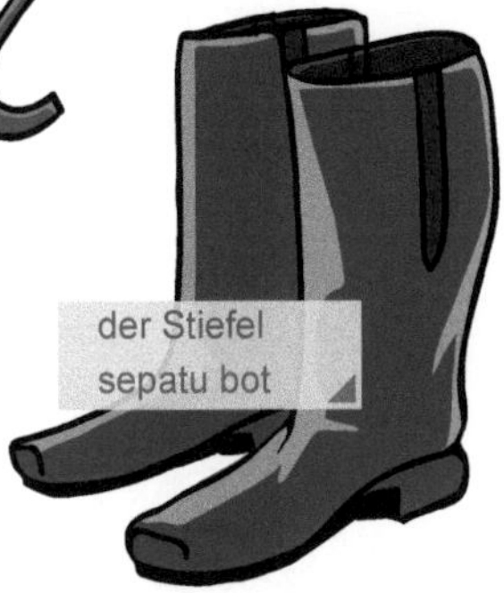

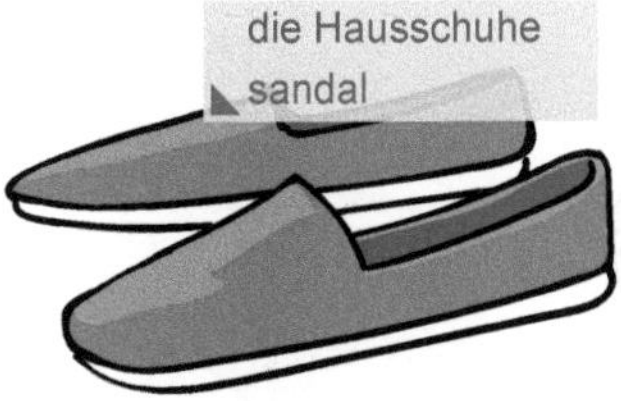

der Schal
syal

der Regenschirm
payung

das T-Shirt
kaos

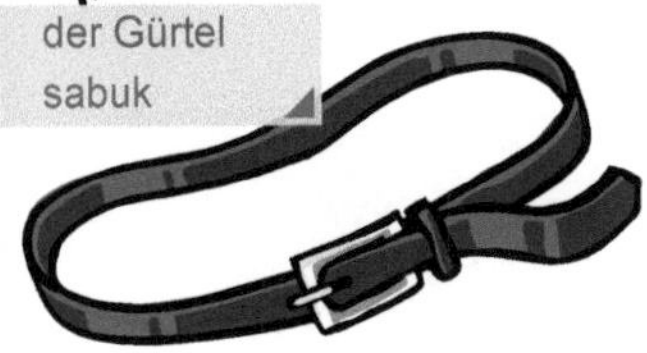

der Gürtel
sabuk

die Hausschuhe
sandal

der Stiefel
sepatu bot

die Turnschuhe
sepatu

die Sandalen
....
sandal

die Schuhe
....
sepatu

die Gummistiefel
....
sepatu bot karet

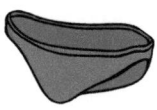

die Unterhose
....
celana dalam

der Büstenhalter
....
BH

das Unterhemd
....
baju rompi

die Kleidung - pakaian

der Body

body

die Hose

celana

die Jeans

jeans

der Rock

rok

die Bluse

blus

das Hemd

kemeja

der Pullover

aket berkerudung

der Kapuzenpullover

sweater

der Blazer

jaket

die Jacke

jaket

der Mantel

mantel

der Regenmantel

jas hujan

das Kostüm

kostum

das Kleid

gaun

das Hochzeitskleid

gaun pengantin

der Anzug

setelan resmi

das Nachthemd

gaun tidur

der Schlafanzug

piyama

der Sari

sari

das Kopftuch

jilbab

der Turban

turban

die Burka

burka

der Kaftan

kaftan

die Abaya

abaya

der Badeanzug

pakaian renang

die Badehose

celana renang

die kurze Hose

celana pendek

der Trainingsanzug

olah raga

die Schürze

celemek

die Handschuhe

sarung tangan

der Knopf

kancing

die Brille

kacamata

das Armband

gelang

die Halskette

kalung

der Ring

cincin

der Ohrring

anting

die Mütze

topi

der Kleiderbügel

gantungan mantel

der Hut

topi

die Krawatte

dasi

der Reißverschluss

ritsleting

der Helm

helm

der Hosenträger

tali selempang

die Schuluniform

seragam sekolah

die Uniform

seragam

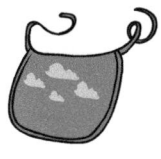

das Lätzchen

oto

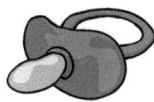

der Schnuller

dot

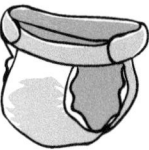

die Windel

popok

das Büro

kantor

der Server
server
der Aktenschrank
lemari arsip
der Drucker
pencetak
das Papier
kertas
der Monitor
layar
die Maus
mouse komputer
der Schreibtisch
meja kerja
der Ordner
tempat pengarsipan
die Tastatur
papan tombol
der Papierkorb
tempat sampah
der Computer
computer
der Stuhl
kursi

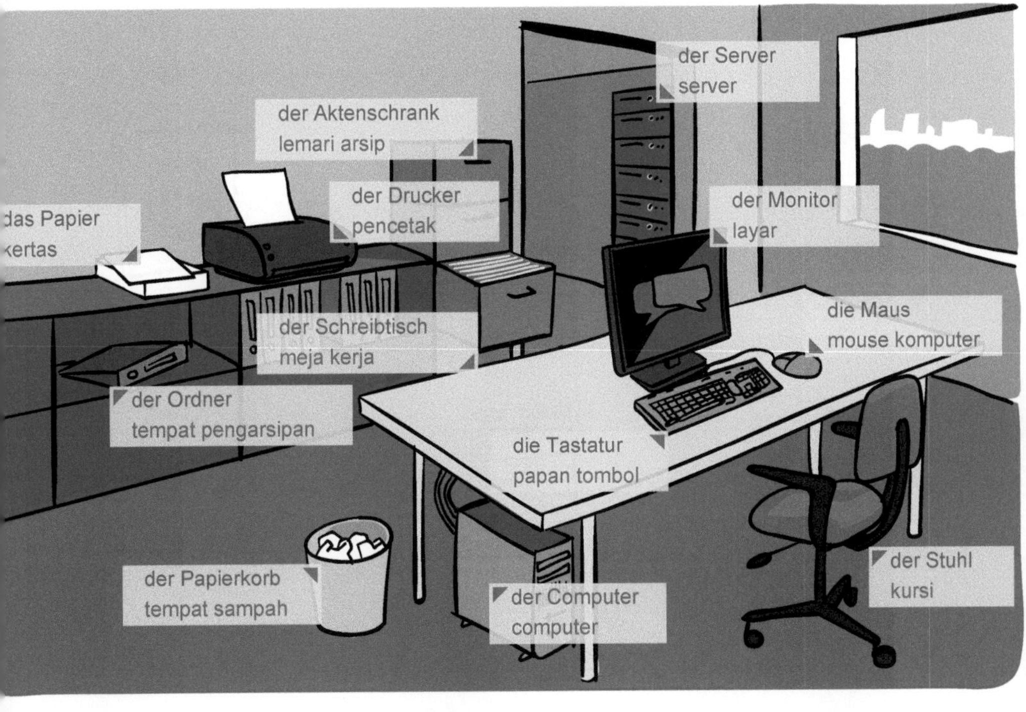

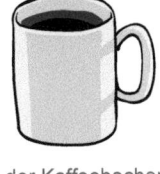

der Kaffeebecher

cangkir kopi

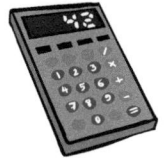

der Taschenrechner

kalkulator

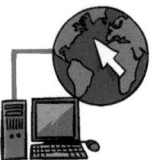

das Internet

internet

der Laptop

laptop

der Brief

surat

die Nachricht

pesan

das Handy

telepon seluler

das Netzwerk

jaringan

der Kopierer

fotokopi

die Software

software

das Telefon

telepon

die Steckdose

plug soket

das Fax

mesin fax

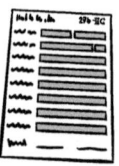

das Formular

formulir

das Dokument

dokumen

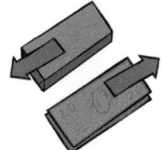

kaufen

membeli

bezahlen

membayar

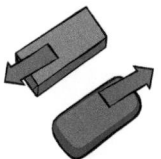

handeln

berdagang

das Geld

uang

der Dollar

Dollar

der Euro

Euro

der Yen

Yen

der Rubel

Rubel

der Franken

Franc Swiss

der Renminbi Yuan

Renminbi Yuan

die Rupie

Rupiah

der Geldautomat

ATM

die Wechselstube

kantor pertukaran mata uang

das Gold

emas

das Silber

perak

das Öl

minyak

die Energie

energi

der Preis

harga

der Vertrag

kontrak

die Steuer

pajak

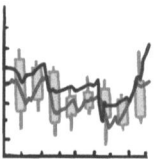

die Aktie

saham

arbeiten

bekerja

der Angestellte

karyawan

der Arbeitgeber

majikan

die Fabrik

pabrik

das Geschäft

toko

die Berufe
pekerjaan

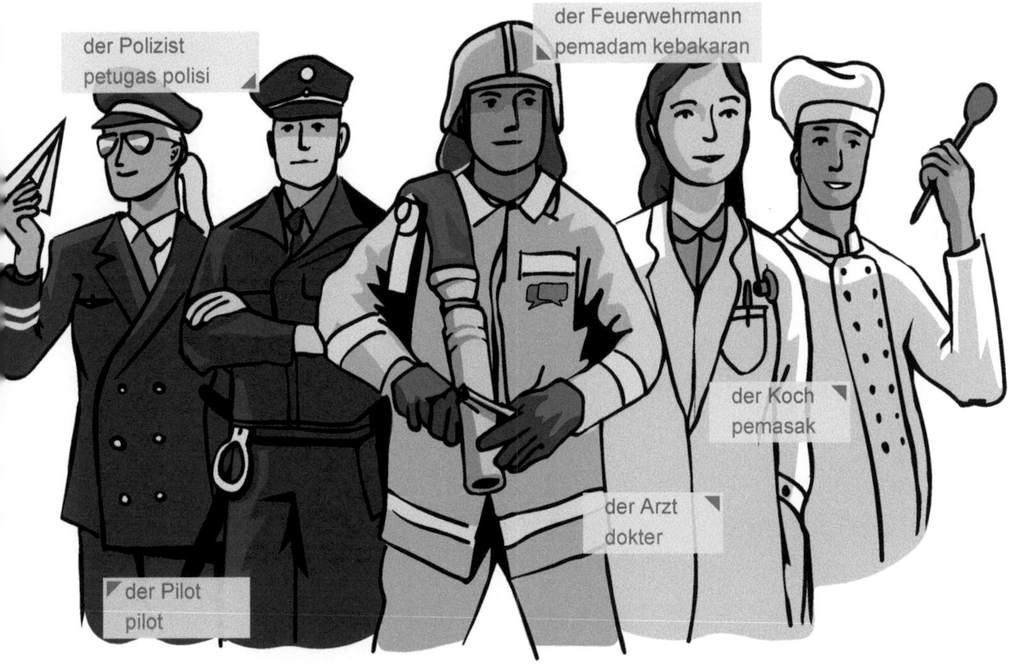
der Polizist
petugas polisi
der Feuerwehrmann
pemadam kebakaran
der Koch
pemasak
der Arzt
dokter
der Pilot
pilot

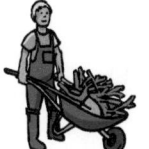

der Gärtner

tukan kebun

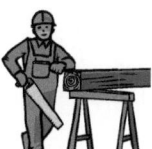

der Tischler

tukang kayu

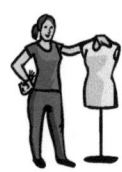

die Näherin

penjahit wanita

der Richter

hakim

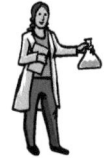

der Chemiker

ahli kimia

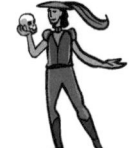

der Schauspieler

aktor

der Busfahrer

sopir bis

der Taxifahrer

sopir taksi

der Fischer

nelayan

die Putzfrau

pembantu

der Dachdecker

tukang atap

der Kellner

pelayan

der Jäger

pemburu

der Maler

pelukis

der Bäcker

tukang roti

der Elektriker

tukang listrik

der Bauarbeiter

pembangun

der Ingenieur

insinyur

der Schlachter

tukang daging

der Klempner

tukang ledeng

der Postbote

tukang pos

der Soldat

tentara

der Architekt

arsitek

der Kassierer

kasir

der Florist

penjual bunga

der Friseur

penata rambut

der Schaffner

konduktor

der Mechaniker

montir

der Kapitän

kapten

der Zahnarzt

dokter gigi

der Wissenschaftler

ilmuwan

der Rabbi

rabbi

der Imam

imam

der Mönch

biarawan

der Geistliche

pendeta

die Werkzeuge
alat

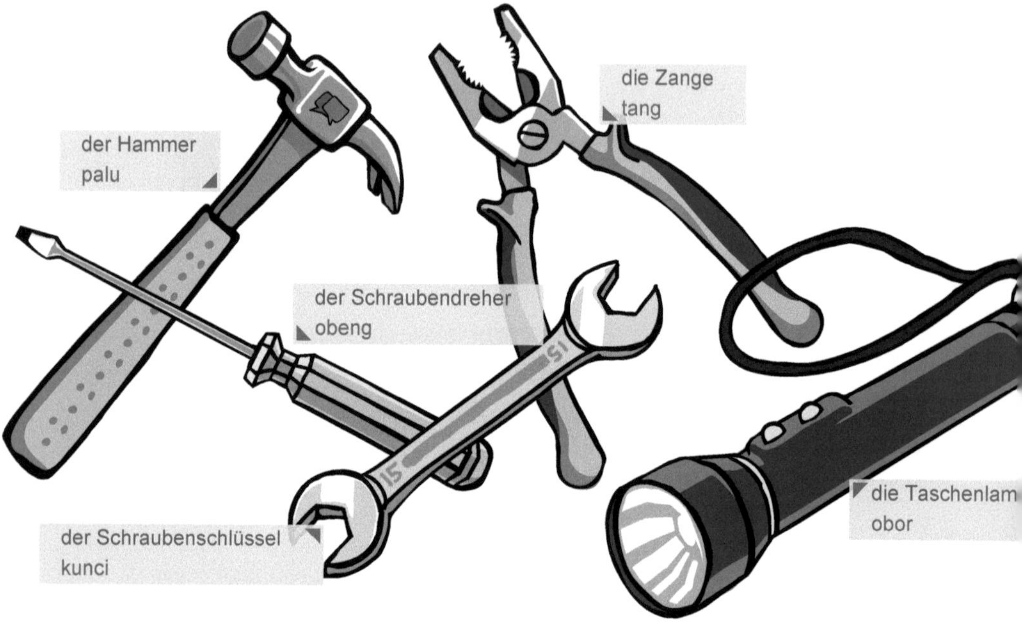
der Hammer
palu
die Zange
tang
der Schraubendreher
obeng
der Schraubenschlüssel
kunci
die Taschenlam
obor

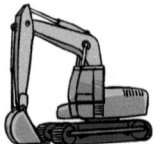

der Bagger

penggali

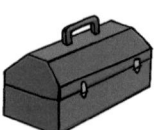

der Werkzeugkasten

tas perkakas

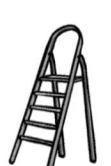

die Leiter

tangga

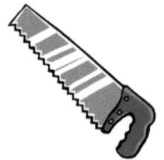

die Säge

gergaji

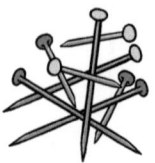

die Nägel

paku

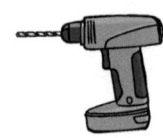

der Bohrer

bor

reparieren

perbaikan

die Schaufel

sekop

Mist!

Sialan!

das Kehrblech

cikrak

der Farbtopf

pot cat

die Schrauben

sekrup

die Musikinstrumente
alat musik

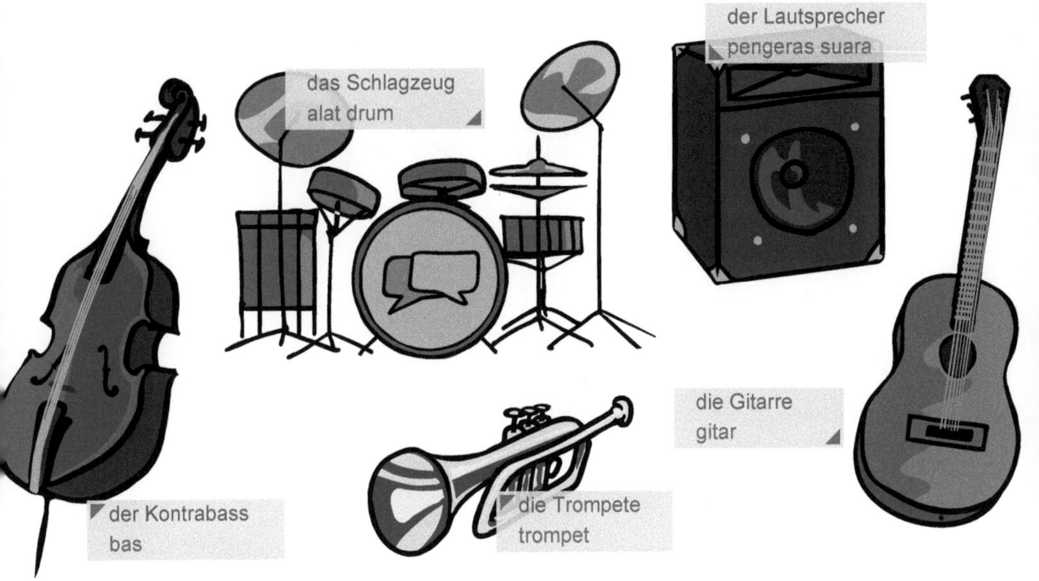

der Lautsprecher
pengeras suara

das Schlagzeug
alat drum

die Gitarre
gitar

der Kontrabass
bas

die Trompete
trompet

das Klavier

piano

die Violine

violin

der Bass

bass

die Pauke

tambur

die Trommeln

drum

das Keyboard

keyboard

das Saxophon

saksofon

die Flöte

suling

das Mikrofon

mikrofon

die Musikinstrumente - alat musik

der Zoo
kebun binatang

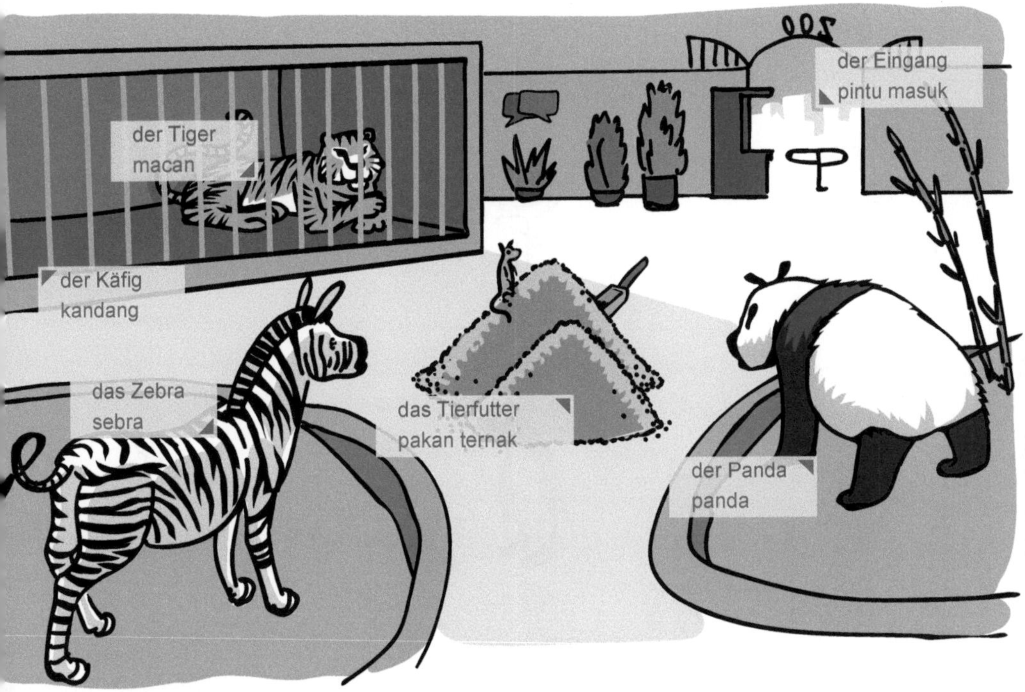
der Eingang
pintu masuk
der Tiger
macan
der Käfig
kandang
das Zebra
sebra
das Tierfutter
pakan ternak
der Panda
panda

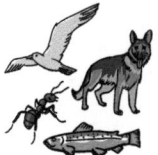

die Tiere

hewan

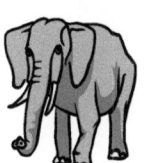

der Elefant

gajah

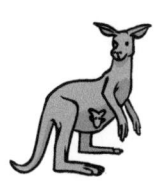

das Känguruh

kanguru

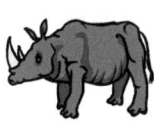

das Nashorn

badak

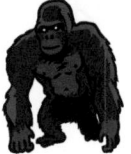

der Gorilla

gorila

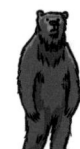

der Bär

beruang

das Kamel

unta

der Strauß

burung unta

der Löwe

singa

der Affe

monyet

der Flamingo

flamingo

der Papagei

burung beo

der Eisbär

beruang polar

der Pinguin

penguin

der Hai

hiu

der Pfau

merak

die Schlange

ular

das Krokodil

buaya

der Zoowärter

penjaga kebun binatang

die Robbe

segel

der Jaguar

jaguar

das Pony

kuda poni

der Leopard

macan tutul

das Nilpferd

kuda nil

die Giraffe

jerapah

der Adler

burung elang

das Wildschwein

babi jantan

der Fisch

ikan

die Schildkröte

kura-kura

das Walross

anjing laut

der Fuchs

rubah

die Gazelle

kijang

das American Football
american football

das Radfahren
naik sepeda

das Tennis
tennis

der Basketball
basketbal

das Schwimmen
bernang

das Boxen
tinju

das Eishockey
hoki es

der Fußball
sepak bola

das Badminton
badminton

die Leichtathletik
atletik

der Handball
bola tangan

das Skilaufen
main ski

das Polo
polo

die Aktivitäten
aktivitas

lachen
ketawa
springen
meloncat
umarmen
memeluk
gehen
berjalan
singen
menyanyi
träumen
mengimpi
beten
berdoa
küssen
mencium

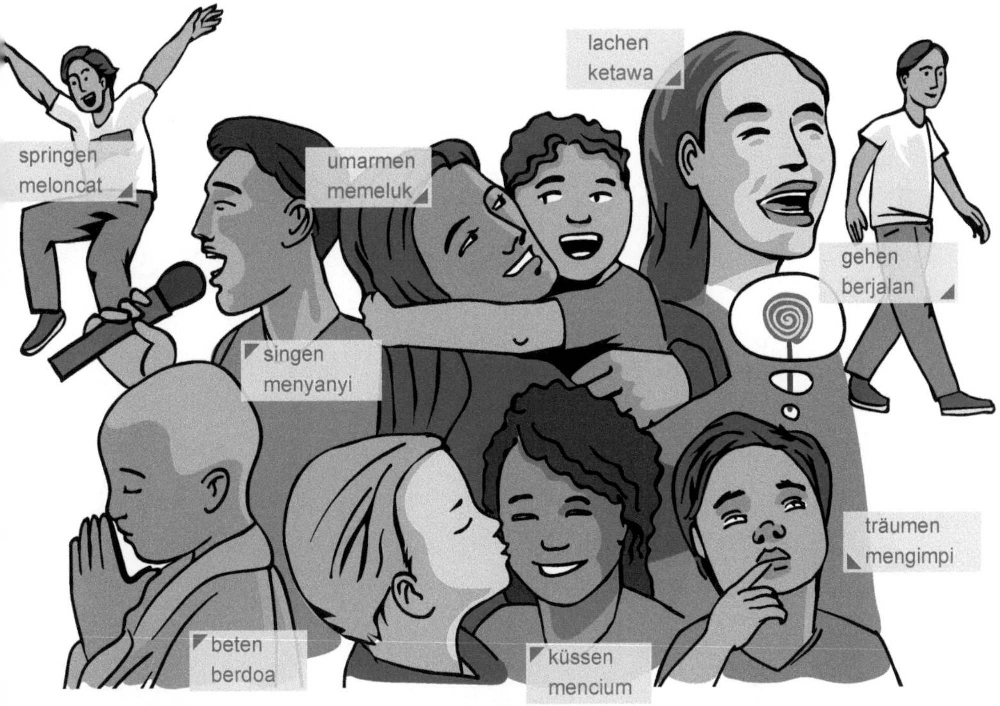

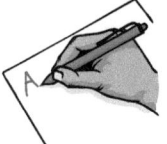

schreiben
menulis

zeichnen
melukis

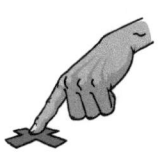

zeigen
menunjuk

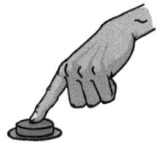

drücken
mendorong

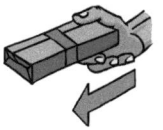

geben
memberikan

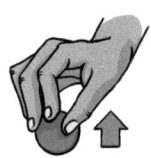

nehmen
mengambil

haben

mempunyai

tun

melakukan

sein

adalah

stehen

berdiri

laufen

berlari

ziehen

menarik

werfen

melempar

fallen

jatuh

liegen

tidur

warten

menunggu

tragen

membawa

sitzen

duduk

anziehen

berpakaian

schlafen

tidur

aufwachen

bangun

ansehen
melihat

weinen
menangis

streicheln
mengelus

kämmen
menyisir

reden
berbicara

verstehen
mengerti

fragen
menanyak

hören
mendengar

trinken
minum

essen
makan

aufräumen
merapikan

lieben
cinta

kochen
memasak

fahren
menyetir

fliegen
terbang

die Aktivitäten - aktivitas

segeln

berlayar

rechnen

menghitung

lesen

membaca

lernen

belajar

arbeiten

bekerja

heiraten

menikah

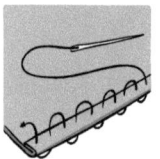

nähen

menjahit

Zähne putzen

sikat gigi

töten

membunuh

rauchen

merokok

senden

kirim

die Familie
keluarga

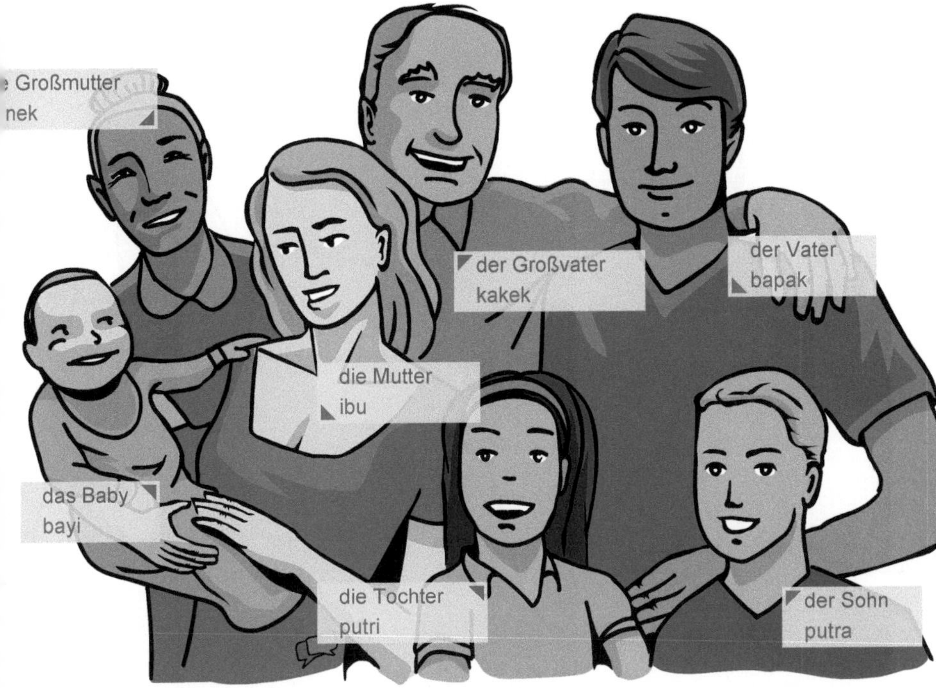

Großmutter
nek
der Großvater
kakek
der Vater
bapak
die Mutter
ibu
das Baby
bayi
die Tochter
putri
der Sohn
putra

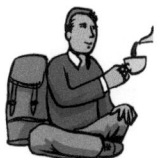

der Gast

tamu

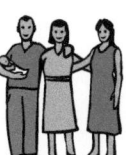

die Tante

bibi

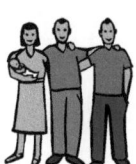

der Onkel

paman

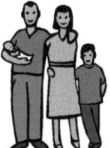

der Bruder

kakak laki

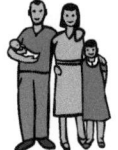

die Schwester

kakak perempuan

der Körper

badan

die Stirn
dahi
das Auge
mata
die Schulter
bahu
der Finger
jari
das Gesicht
muka
das Kinn
dagu
die Hand
tangan
das Bein
kaki
die Brust
payudara
der Arm
lengan

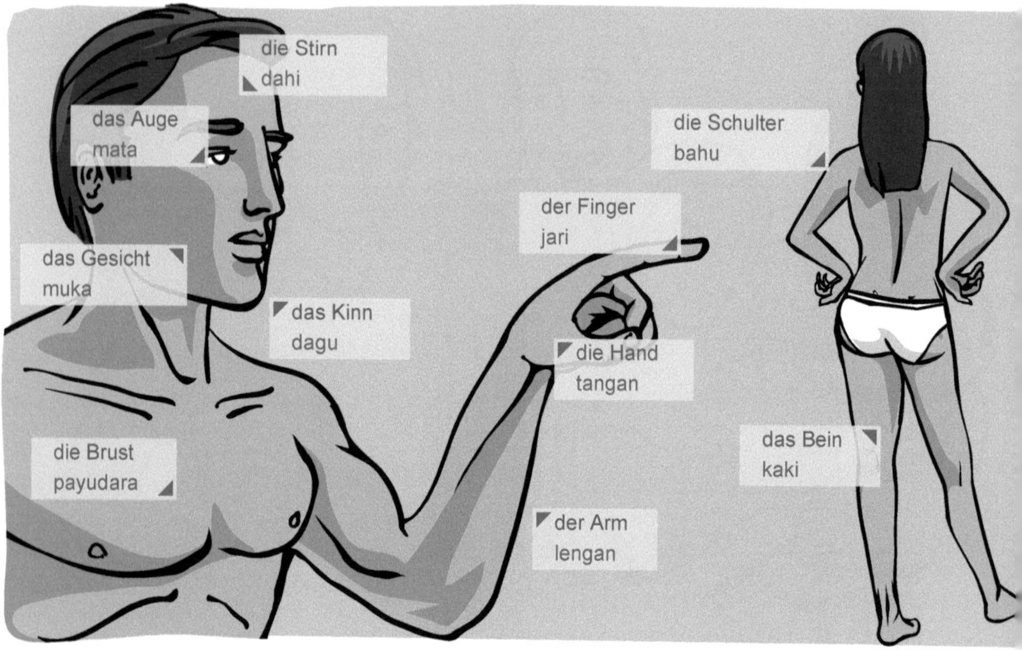

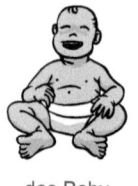

das Baby

bayi

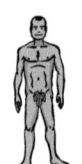

der Mann

pria

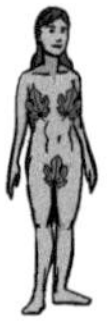

die Frau

wanita

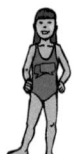

das Mädchen

perempuan

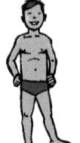

der Junge

laki

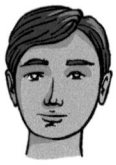

der Kopf

kepala

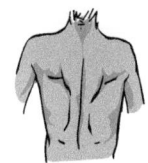

der Rücken

punggung

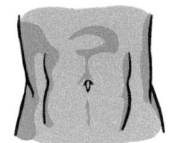

der Bauch

perut

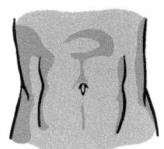

der Nabel

pusar

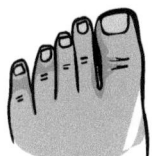

der Zeh

toe

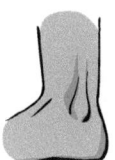

die Ferse

tumit

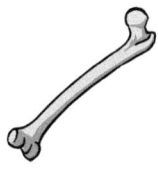

der Knochen

tulang

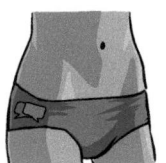

die Hüfte

pinggang

das Knie

lutut

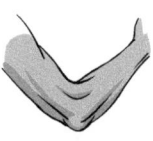

der Ellenbogen

siku

die Nase

hidung

das Gesäß

pantat

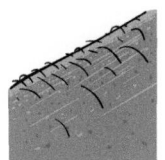

die Haut

kulit

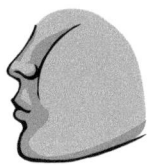

die Wange

pipi

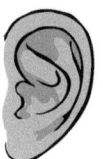

das Ohr

telinga

die Lippe

bibir

der Körper - badan

der Mund

mulut

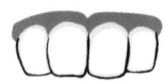

der Zahn

gigi

die Zunge

lidah

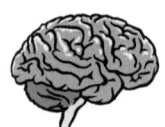

das Gehirn

otak

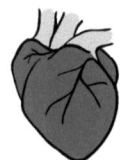

das Herz

jantung

der Muskel

otot

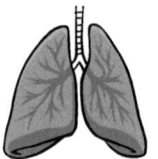

die Lunge

paru-paru

die Leber

hati

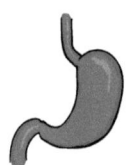

der Magen

stomach

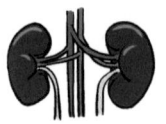

die Nieren

ginjal

der Geschlechtsverkehr

hubungan seks

das Kondom

kondom

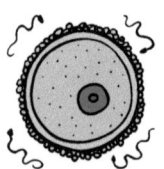

die Eizelle

sel telur

das Sperma

sperma

die Schwangerschaft

kehamilan

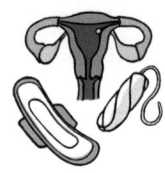

die Menstruation

menstruasi

die Vagina

vagina

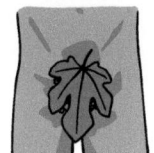

der Penis

penis

die Augenbraue

alis

das Haar

rambut

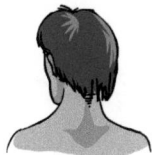

der Hals

leher

das Krankenhaus
rumah sakit

das Krankenhaus
rumah sakit

der Krankenwagen
ambulans

der Rollstuhl
kursi roda

der Bruch
patah tulang

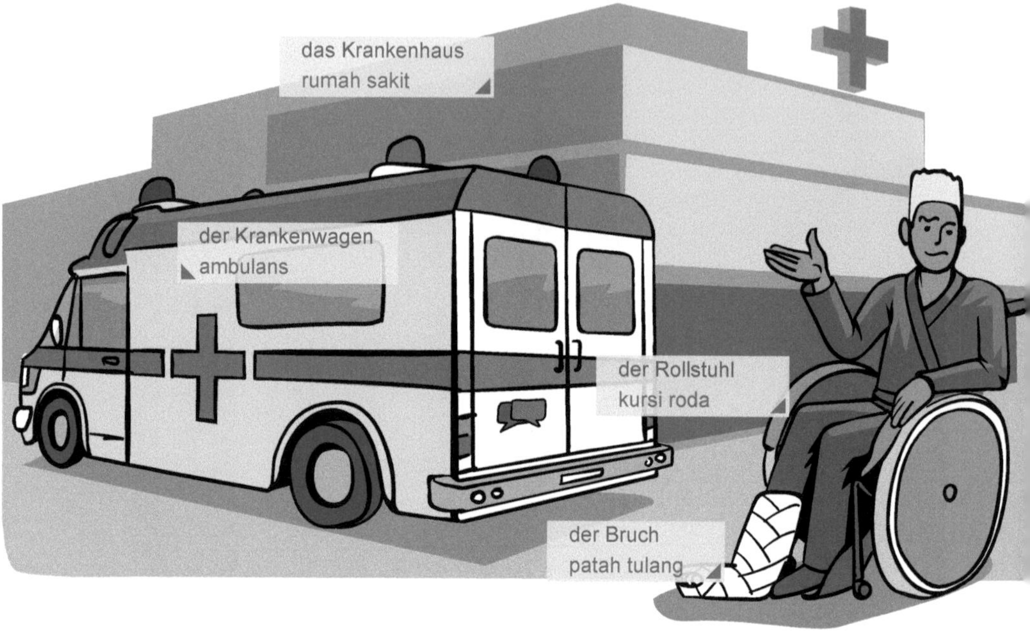

der Arzt

dokter

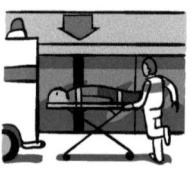

die Notaufnahme

ruang darurat

die Krankenschwester

perawat

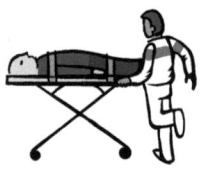

der Notfall

darurat

ohnmächtig

semaput

der Schmerz

sakit

die Verletzung

cedera

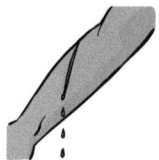

die Blutung

perdarahan

der Herzinfarkt

serangan jantung

der Schlaganfall

stroke

die Allergie

alergi

der Husten

batuk

das Fieber

demam

die Grippe

flu

der Durchfall

diare

die Kopfschmerzen

sakit kepala

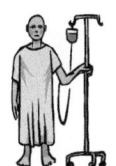

der Krebs

kanker

die Diabetis

diabetes

der Chirurg

ahli bedah

das Skalpell

pisau bedah

die Operation

operasi

das CT

CT

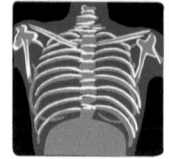

das Röntgen

sinar x

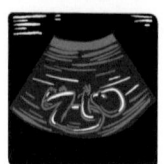

das Ultraschall

usg

die Maske

topeng

die Krankheit

penyakit

das Wartezimmer

ruang tunggu

die Krücke

penyokong

das Pflaster

plester

der Verband

perban

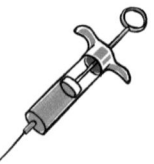

die Injektion

injeksi

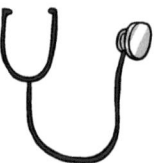

das Stethoskop

stetoskop

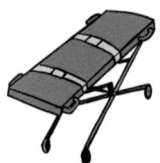

die Trage

usungan

das Thermometer

termometer klinis

die Geburt

kelahiran

das Übergewicht

kelebihan berat badan

das Hörgerät

alat pendengar

das Desinfektionsmittel

desinfektan

die Infektion

infeksi

das Virus

virus

das HIV / AIDS

HIV / AIDS

die Medizin

obat

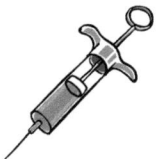

die Impfung

vaksinasi

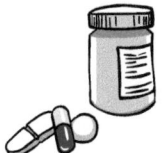

die Tabletten

tablet

die Pille

pil

der Notruf

panggilan darurat

das Blutdruck-Messgerät

ukur tekanan darah

krank / gesund

sakit / sehat

Hilfe!

Tolong!

der Alarm

alarm

der Überfall

penyerbuan

der Angriff

serangan

die Gefahr

bahaya

der Notausgang

pintu darurat

Feuer!

Api!

der Feuerlöscher

alat pemadam kebakaran

der Unfall

kecelakaan

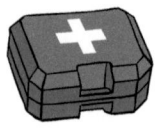

der Erste-Hilfe-Koffer

kit pertolongan pertama

SOS

SOS

die Polizei

polisi

das Europa

Eropa

das Nordamerika

Amerika Utara

das Südamerika

Amerika Selatan

das Afrika

Afrika

das Asien

Asia

das Australien

Australi

der Atlantik

Atlantik

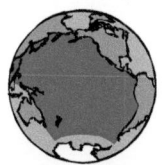

der Pazifik

Pasifik

der Indische Ozean

Samudra India

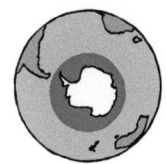

der Antarktische Ozean

Samudra Antartika

der Arktische Ozean

Samudra Arktik

der Nordpol

kutub utara

der Südpol

kutub selatan

die Antarktis

Antarktika

die Erde

bumi

das Land

tanah

das Meer

laut

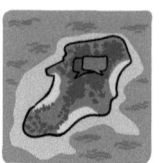

die Insel

pulau

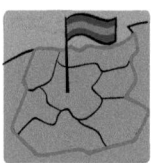

die Nation

bangsa

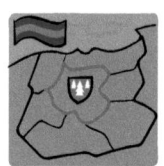

der Staat

negara

das Zifferblatt

jam wajah

der Stundenzeiger

jarum pendek

der Minutenzeiger

jarum menit

der Sekundenzeiger

jarum detik

Wie spät ist es?

Jam berapa?

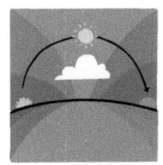

der Tag

hari

die Zeit

waktu

jetzt

sekarang

die Digitaluhr

jam digital

die Minute

menit

die Stunde

jam

die Woche
minggu

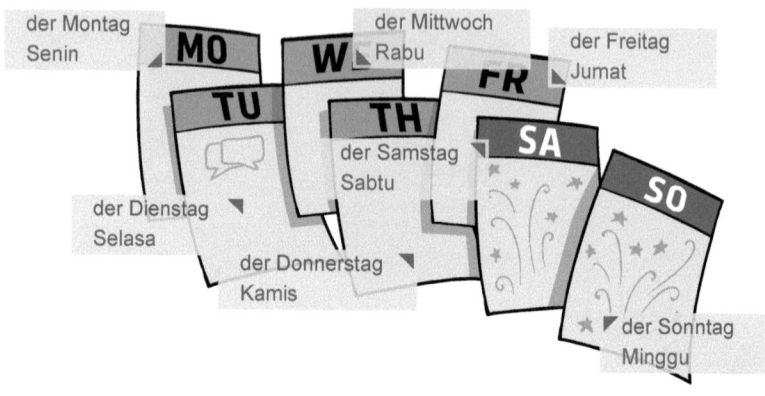

der Montag
Senin

der Mittwoch
Rabu

der Freitag
Jumat

der Dienstag
Selasa

der Samstag
Sabtu

der Donnerstag
Kamis

der Sonntag
Minggu

gestern

kemaren

heute

hari ini

morgen

besok

der Morgen

pagi

der Mittag

siang

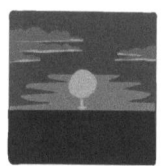

der Abend

malam

MO	TU	WE	TH	FR	SA	SU
1	2	3	4	5	6	7
8	9	10	11	12	13	14
15	16	17	18	19	20	21
22	23	24	25	26	27	28
29	30	31	1	2	3	4

die Arbeitstage

hari kerja

MO	TU	WE	TH	FR	SA	SU
1	2	3	4	5	6	7
8	9	10	11	12	13	14
15	16	17	18	19	20	21
22	23	24	25	26	27	28
29	30	31	1	2	3	4

das Wochenende

akhir minggu

das Jahr
tahun

der Regen
hujan
der Regenbogen
pelangi
der Schnee
salju
der Winc
angin
der Frühling
musim semi
der Herbst
musim gugur
der Sommer
musim panas
der Winter
musim dingin

4.APRIL 11°
5.APRIL 4°
6.APRIL 13°
7.APRIL 8°
8.APRIL 10°

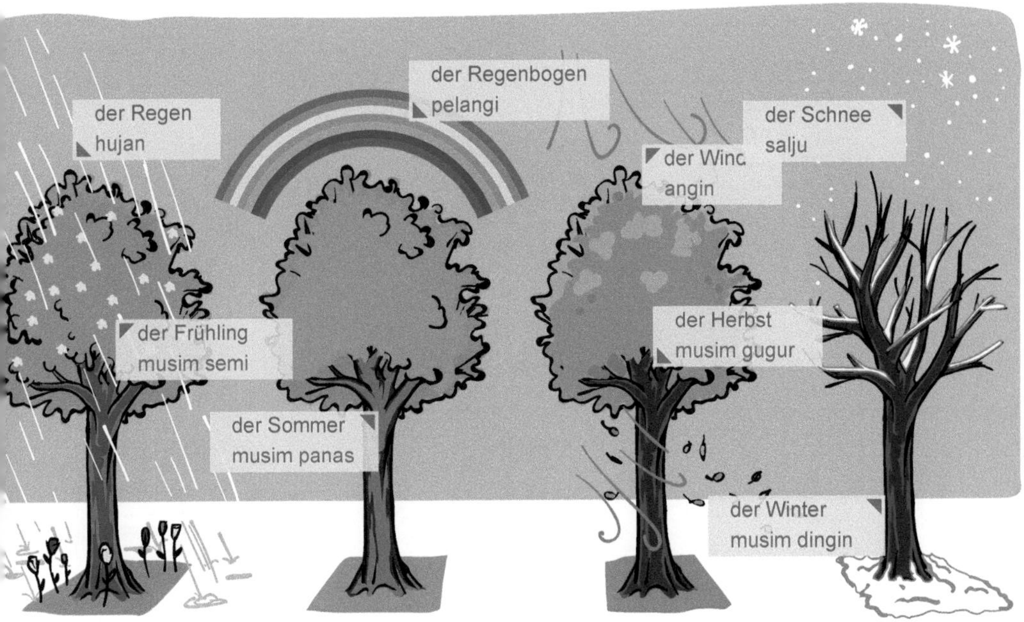

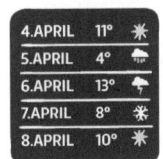

die Wettervorhersage

ramalan cuaca

F C
120 40
90 30
60 20
30 10
0 0
-30 -10
-20

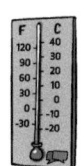

das Thermometer

termometer

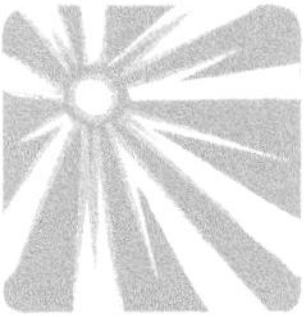

der Sonnenschein

matahari

die Wolke

awan

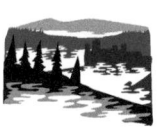

der Nebel

kabut

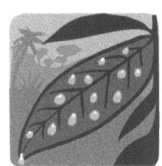

die Luftfeuchtigkeit

kelembahan

der Blitz

kilat

der Donner

guntur

der Sturm

badai

der Hagel

hujan es

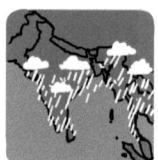

der Monsun

monsun

die Flut

banjir

das Eis

es

der Januar

Januari

der Februar

Februari

der März

Maret

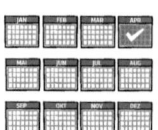

der April

April

der Mai

Mei

der Juni

Juni

der Juli

Juli

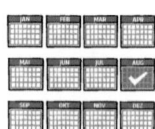

der August

Agustus

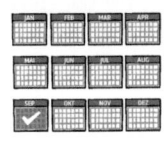

der September
September

der Oktober
Oktober

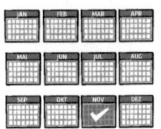

der November
November

der Dezember
Desember

die Formen
bentuk

der Kreis
lingkaran

das Quadrat
persegi

das Rechteck
persegi panjang

das Dreieck
segi tiga

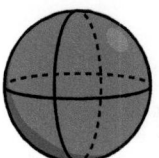

die Kugel
bola

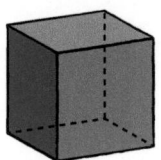

der Würfel
kubus

weiß

putih

gelb

kuning

orange

oranye

pink

pink

rot

merah

lila

ungu

blau

biru

grün

hijau

braun

coklat

grau

abu-abu

schwarz

hitam

viel / wenig

banyak / sedikit

wütend / friedlich

marah / tenang

hübsch / hässlich

cantik / jelek

der Anfang / das Ende

mulaih / selesai

groß / klein

besar / kecil

hell / dunkel

terang / gelap

der Bruder / die Schwester

saudara laki-laki / saudara perempuan

sauber / schmutzig

bersih / kotor

vollständig / unvollständig

lengkap / tidak lengkap

der Tag / die Nacht

hari / malam

tot / lebendig

mati / hidup

breit / schmal

luas / sempit

genießbar / ungenießbar

dapat dimakan / tidak dapat dimakan

böse / freundlich

jahat / baik

aufgeregt / gelangweilt

bersemangat / bosan

dick / dünn

gemuk / kurus

zuerst / zuletzt

pertama / terakhir

der Freund / der Feind

teman / musuh

voll / leer

penuh / kosong

hart / weich

keras / lembut

schwer / leicht

berat / enteng

der Hunger / der Durst

lapar / haus

krank / gesund

sakit / sehat

illegal / legal

ilegal / legal

intelligent / dumm

cerdas / bodoh

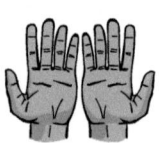

links / rechts

kiri / kanan

nah / fern

dekat / jauh

neu / gebraucht

baru / bekas

nichts / etwas

tidak ada apapun / sesuatu

alt / jung

tua / muda

an / aus

nyala / mati

offen / geschlossen

buka / tutup

leise / laut

tenang / keras

reich / arm

kaya / miskin

richtig / falsch

benar / salah

rau / glatt

kasar / halus

traurig / glücklich

sedih / gembira

kurz / lang

pendek / panjang

langsam / schnell

pelan-pelan / cepat

nass / trocken

basah / kering

warm / kühl

hangat / sejuk

der Krieg / der Frieden

perang / damai

0

null

nol

1

eins

satu

2

zwei

dua

3

drei

tiga

4

vier

empat

5

fünf

lima

6

sechs

enam

7

sieben

tujuh

8

acht

delapan

9

neun

sembilan

10

zehn

sepuluh

11

elf

sebelas

12	**13**	**14**
zwölf	dreizehn	vierzehn
duabelas	tigabelas	empatbelas

15	**16**	**17**
fünfzehn	sechzehn	siebzehn
limabelas	enambelas	tujuhbelas

18	**19**	**20**
achtzehn	neunzehn	zwanzig
delapanbelas	sembilanbelas	duapuluh

100	**1.000**	**1.000.000**
hundert	tausend	million
seratus	seribu	juta

die Sprachen
bahasa-bahasa

Englisch

Inggris

Amerikanisches Englisch

bahasa Inggris Amerika

Chinesisch Mandarin

bahasa Cina Mandarin

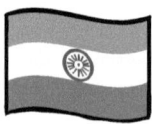

Hindi

bahasa Hindi

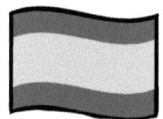

Spanisch

bahasa Spanyol

Französisch

bahasa Perancis

Arabisch

bahasa Arab

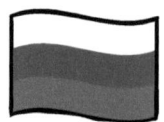

Russisch

bahasa Rusia

Portugiesisch

bahasa Portugis

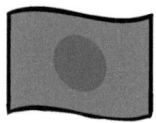

Bengalisch

bahasa Bengal

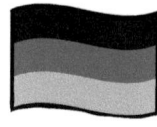

Deutsch

bahasa Jerman

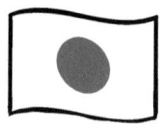

Japanisch

bahasa Jepang

ich
....
saya

du
....
kamu

er / sie / es
....
dia

wir
....
kita

ihr
....
kalian

sie
....
mereka

wer?
....
siapa?

was?
....
apa?

wie?
....
begaimana?

wo?
....
dimana?

wann?
....
kapan?

Name
....
nama

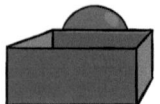

hinter

dibelakang

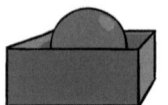

in

di

vor

didepan

über

diatas

auf

diatas

unter

dibawah

neben

sebelah

zwischen

di antara

der Ort

tempat